美好的童年
CHILDHOOD Is a GREAT JOURNEY
by
Andrea Voon

12
9
3
6

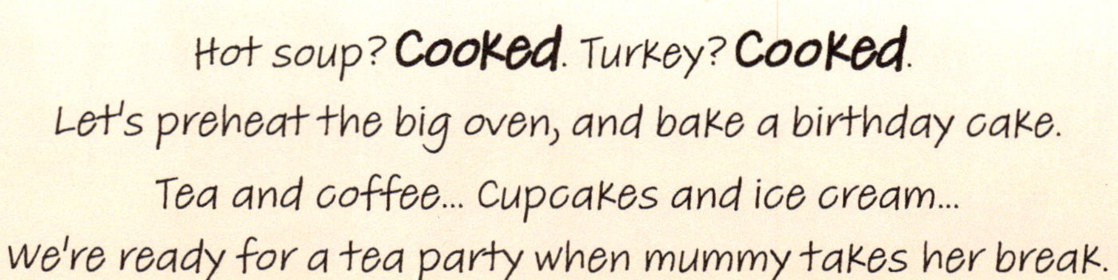

Hot soup? **Cooked**. Turkey? **Cooked**.
Let's preheat the big oven, and bake a birthday cake.
Tea and coffee... Cupcakes and ice cream...
we're ready for a tea party when mummy takes her break.

kàn kan wǒ zuò de dà dàn gāo
看看我做的大蛋糕，
shāo yì hú kāi shuǐ bǎ chá pào
烧一壶开水把茶泡。
Chī a chī hē a hē
吃啊吃、喝啊喝，
xiǎo xiǎo de dù zi zěn huì bǎo
小小的肚子怎会饱？

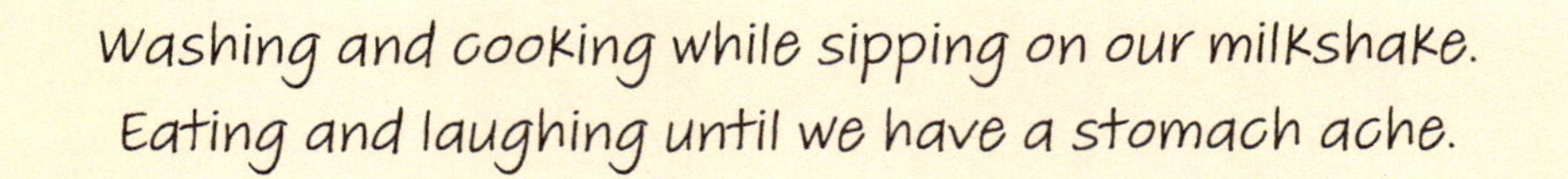

Washing and cooking while sipping on our milkshake.
Eating and laughing until we have a stomach ache.

Suān tián kǔ là gè zhǒng wèi dào
酸甜苦辣各种味道，
xǐ qiè chǎo zhǔ gè sè cài yáo
洗切炒煮各色菜肴。
Pǐn yi pǐn cháng yi cháng
品一品、尝一尝，
xiǎo chú fáng yáng yì zhe ài hé huān xiào
小厨房洋溢着爱和欢笑。

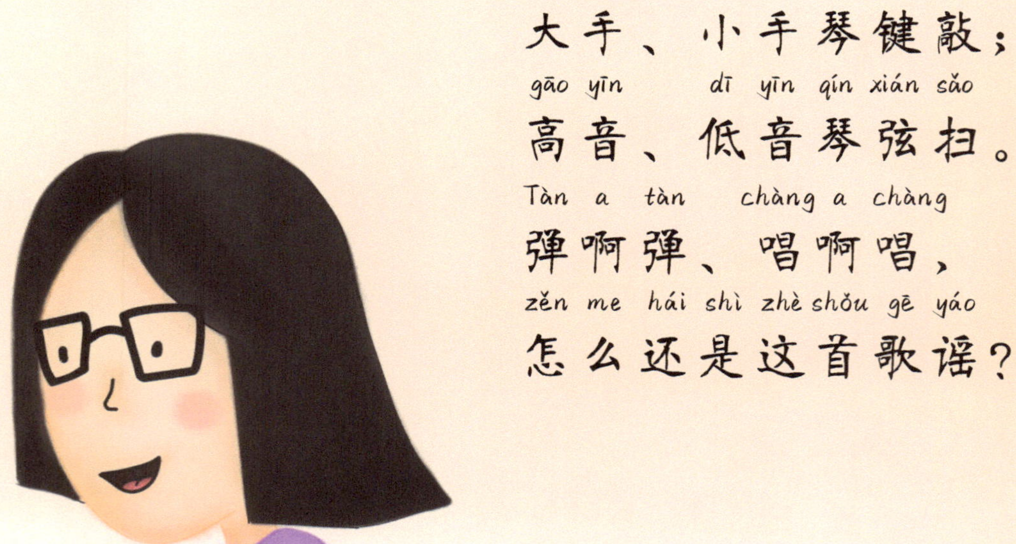

Dà shǒu xiǎo shǒu qín jiàn qiāo
大手、小手琴键敲；
gāo yīn dī yīn qín xián sǎo
高音、低音琴弦扫。
Tàn a tàn chàng a chàng
弹啊弹、唱啊唱，
zěn me hái shì zhè shǒu gē yáo
怎么还是这首歌谣？

White keys, black keys... Do-re-mi-fa-so-
Let's form a music band, and play our favourite song.
High notes, low notes... So-fa-mi-re-do-
Tapping and clapping, and repeat all day long.

One, two, three, four... sing the happy song loud and strong.
Move it... Groove it... Skip around a circle, and dance along.

Yīn yuè xiǎng qǐ qún bǎi piāo yáo
音乐响起裙摆飘摇，
gēn zhe jié pāi shǒu wǔ zú dǎo
跟着节拍手舞足蹈。
Zuǒ zhuǎn zhuan yòu tiào tiao
左转转、右跳跳，
Chàng chang tiào tiao bù zǒu diào
唱唱跳跳不走调。

Tweezers? **Set!** Bandages? **Set**!
Daddy sprained his ankle in a football game.
Stethoscope? **Cleaned**! Thermometer? **Cleaned**!
We're ready for the next patient, **PLEASE** call out her name.

Bà ba tī qiú shí niǔ shāng le jiǎo
爸爸踢球时扭伤了脚，
xiǎo hù shì bāng máng xiāo dú shàng yào
小护士帮忙消毒上药。
Chuī yi chuī hē yi hē
吹一吹、呵一呵，
hái yǒu shuí xū yào jiē shòu zhì liáo
还有谁需要接受治疗？

Here are your medicines, **PLEASE** drink more water.

Take a good bed rest, and you'll be better.

Mèi mei huàn shang le liú xíng gǎn mào
妹妹患上了流行感冒，
xiǎo yī shēng dīng níng tā àn shí chī yào
小医生叮咛她按时吃药。
Liàng yi liàng tàn yi tàn
量一量、探一探，
wá wa zěn me hái méi tuì shāo
娃娃怎么还没退烧？

Oranges? **Yes**! Apples? **No**!
Let's be the smart helpers at the mini-mart.
Cookies? **Here**! Fresh milk? **There**!
We're ready for the checkout with a heavy cart.

Cǎi gòu xiǎo bāng shou lái xiào láo

采购小帮手来效劳，

tuī zhe gòu wù chē tuán tuán rào.

推着购物车团团绕。

Zuǒ guàng guang yòu mǎi mǎi

左走走、右逛逛，

zhàn lì pǐn duī de bǐ shān gāo

战利品堆得比山高！

Which toy is cheaper? Which treat is tastier?
One hundred Ringgits, and **THANK YOU**, dear cashier.

Wán jù líng shí quán bù dōu yào
玩具、零食全部都要。
Jià gé pǐn zhì xì xīn bǐ jiào
价格、品质细心比较。
Jiā yi jiā jiǎn yi jiǎn
加一加、减一减，
yì bǎi kuài qián shèng xia duō shǎo
一百块钱剩下多少？

VOON
MARKET
RM15
RM10
RM5
RM20
100
VISA

Up and down, in and out...
Brush your little teeth twice a day.
CAVITIES! Keep at bay!
Call it a day, and hit the hay.

Ná zǒu líng shí jǐ shang yá gāo
拿走零食挤上牙膏，
Gǎn zou zhù yá jūn yǒu gāo zhāo
赶走蛀牙菌有高招。
qīn yi qīn bào yi bào
亲一亲、抱一抱，
kě fǒu yí yè tián shuì zhì pò xiǎo
夜里哪怕床虱叮咬？

Veggies and fruits; Eggs and meats.

I'm **NOT** picky, and I clean up my plate!

Did I grow **taller**? Did I get **heavier**?

As tall as mum and dad! I just **CAN'T** wait!

Diàn zi chèng shang tái tóu zhàn hǎo

电子秤上抬头站好，

shēn gāo bǎn shang huà xia jì hào

身高板上画下记号。

Bǐ yi bǐ huà yi huà

比一比、画一画，

hé rì cái néng bǐ bà ba mā ma gāo

何日才能比爸爸妈妈高？

Red or yellow; Green or blue?
Let's choose a fun game to kick-start our date.
Whose turn is it now? Who is the winner?
The sky is gloomy, yet we're doing **GREAT**!

Yóu xì yíng le bú bì zì háo
游戏赢了不必自豪，
yóu xì shū le bú bì jì jiào
游戏输了不必计较。
Yì jiā rén de yuē huì
一家人的约会，
wēn xīn hé mù zuì wéi zhòng yào
温馨和睦最为重要！

Lunch box? **Checked**! Backpack? **Checked**!
"**HOORAY** for school!" Teddy cheers.
Goodbye, mum! Goodbye, dad!
Goodbye, little sis! Shed **NO** tears!

Ná qi biàn dang bèi qi shū bāo
拿起便当背起书包，
yáo yao xiǎo shǒu guà shang wéi xiào
摇摇小手挂上微笑。
Hǎo hái zi zhēn yǒng gǎn
好孩子，真勇敢，
Kāi kai xīn xīn zǒu jin xué xiào
开开心心走进学校。

CHILDHOOD *is a great journey,*
together with you,
we create lasting memories.

Měi hǎo de tóng nián
美好的童年，
yǒu nǐ men zài shēn bian
有你们在身边
yī qǐ xiào yī qǐ nào
一起笑、一起闹！

作者 Author

温甘玉芬

当妈前，她是孩子们的甘老师，在常年暖和的热带雨林，与孩子一起学习中、英文，探索文字的奥秘；当妈后，她是孩子们的温妈咪，在四季分明的北半球，与孩子一起感受春夏秋冬的更替，一起寻找美好的童年......

温妈咪创作的灵感，源自于多年来的童言童语。2021年，她成立了"温室工作坊"，出版一系列的中、英双语绘本，结合母语和第二语言，提倡亲子趣读。

精通三语的温妈咪理解每一种语言都有独特的艺术形式，因此她创作的双语绘本也各含韵味、各具特色。

Andrea Voon

Over the past few years, Andrea has learned and grown with her family as a full-time mother in Canada. Back in Malaysia, she worked as a teacher in Chinese immersion elementary school. In 2021, Andrea started her journey as a self-publisher. Growing up in a multilingual environment, Andrea loves the beauty of languages on their own. She has the vision to publish picture books to support bilingual families in raising their children in English and Chinese reading.

To Derek, Eliana, Alayna & Magnus Dominus

with love -- Andrea V.

备注：绘本中"墙上的墙画"源自**温室工作坊**各成员的精心手作。

p/s: "Pictures on the wall" in this book are special art collection of

HEI Greenhouse Studio's members.

双语阅读，乐趣无穷！

BILINGUAL READING IS FUN!

Check out other bilingual picture books by Andrea Voon.

ISBN 978-1-998856-09-1

温室工作坊

Printed in the USA
CPSIA information can be obtained
at www.ICGtesting.com
LVHW070809071023
760213LV00003B/53